高效倾听

成功人士的38种倾听技巧

[日]永松茂久 —— 著　陈智慧 —— 译

中国科学技术出版社
·北　京·

北京市版权局著作权合同登记　图字：01-2022-5568。

图书在版编目（CIP）数据

高效倾听：成功人士的 38 种倾听技巧 /（日）永松
茂久著；陈智慧译 . — 北京：中国科学技术出版社，
2023.4
ISBN 978-7-5046-9896-4

Ⅰ.①高… Ⅱ.①永… ②陈… Ⅲ.①人际关系学—
通俗读物 Ⅳ.① C912.11-49

中国国家版本馆 CIP 数据核字（2023）第 031767 号

策划编辑	杨汝娜	责任编辑	申永刚
封面设计	创研设	版式设计	蚂蚁设计
责任校对	焦　宁	责任印制	李晓霖

出　　版	中国科学技术出版社
发　　行	中国科学技术出版社有限公司发行部
地　　址	北京市海淀区中关村南大街 16 号
邮　　编	100081
发行电话	010-62173865
传　　真	010-62173081
网　　址	http://www.cspbooks.com.cn

开　　本	880mm×1230mm　1/32
字　　数	96 千字
印　　张	5.5
版　　次	2023 年 4 月第 1 版
印　　次	2023 年 4 月第 1 次印刷
印　　刷	北京盛通印刷股份有限公司
书　　号	ISBN 978-7-5046-9896-4/C·220
定　　价	59.00 元

"经常被问'喂，你在听吗'。"

"无法延续话题。"

"嘴笨，不懂如何表达自己的想法。"

"一不留神说得太多。"

"与人初次见面容易紧张。"

"意识到自己不擅长制造话题。"

"与人交流后常常累到精疲力竭。"

"想知道更多轻松沟通的技巧。"

"想掌握倾听诀窍。"

本书写给有以上需求的人。

前言

不擅长说话
也没关系

"只要眼前有人，心中就会涌起莫名的焦躁感，如果不说点什么……"

"事后经常懊悔自己不该自说自话……"

"今天又没能将自己心中的想法好好传达给对方……"

生活中有不少像这样因沟通不畅而感到烦恼的人。家庭、职场、社群……我们一直处在一个复杂的人际关系圈中，大多数人际关系都是在人与人的沟通中产生的。因此，高效沟通成为我们与他人构筑良好人际关系的关键。遗憾的是，很多人都有一种错误的观念，他们认为要想与他人高效沟通，就只能提升自己的表达能力。但其实，仅仅将沟通拘泥在"说"上是错误的。

对话是由说话人和听话人一起构成的，**而大多数人往往只注重"说"，却忽略了"听"的重要性**。如今，口才培训班以及关于表达技巧的书铺天盖地。尽管倾听才是最重要、最有效的，但关于倾听的培训班以及倾听技巧方面的书却极少。

一个人若想通过说话来吸引别人，就必须具有较强的观察力，以及良好的表达能力和足够的词汇量。事实上，有不少人在学习复杂的沟通技巧时以失败告终。所以，接下来将为大家详细介绍在谈话中如何倾听。在正式进入本书内容之前，首先希望你可以记住这样一句话：**人生来就是渴望沟通的生物。**

比起一个擅长说话的人，人们更渴望的是一个好的倾听者。也就是说，提高沟通能力的最佳方法就是**"少花时间在训练说话技巧、与不善言辞的人的沟通上，将更多的时间放在倾听重要的人讲话上"**，仅此而已。

事实上，善于沟通的人仅仅是领悟到了这一点，并未使用其他高超技巧。倾听他人讲话时，首先要站在对方的立场上理解对方，回应对方。

实在不善于表达也并无大碍。不用去改变，也不用勉强自己说好话，你只需认真倾听即可。救赎一个人只需理解对方的心情，因为人都会对理解自己的人产生好感。让你成为一个难能可贵的倾听者，就是本书的创作初衷。

具体内容将在后文介绍，这里先介绍倾听能够为你带来的益处。

（1）倾听无须掌握大量词汇。

（2）倾听如同阅读。

（3）倾听助你读懂人心。

（4）倾听能有效降低你冒犯他人的风险。

（5）倾听能帮你发现自身盲点。

（6）倾听者无须害怕冷场。

（7）倾听者更容易获得好评。

说话前要先倾听。为了让你充分理解沟通的重要性，本书未涉及任何高难度的技巧，只介绍对每个人来说都简单易学、效果绝佳的倾听方法。2019年，我执笔完成的《高效沟通：成功人士的36种说话方式》①（以下简称《高效沟通》），很荣幸能被诸位阅读。经常有人问我"说话者和倾听者究竟

① 中文版由中国科学技术出版社出版。——编者注

谁更重要"，我总会坚定地告诉他们：**"交流中倾听者比说话者更重要。"** 换言之，请大家试着考虑《高效沟通》中更重要的部分。

我保证，接下来你只要掌握如何倾听，就不仅可以消除至今为止你在交流上的烦恼，还能让你的沟通能力取得质的飞跃。

各位，准备好了吗？那么，现在开始一起学习，在对方引出话题后，让你能够大受欢迎的最佳轻松倾听方法吧！

目录

第3章　不令人生厌的倾听技巧

为什么成为一名倾听者更容易

01

你在听吗

一场席卷日本的争论

"喂，你在听吗？"

"嗯，在听呢。"

"才不是！你总是不好好听我说话。"

"我在认真听，你有什么不满意的？"

古今中外，到处都重复着这样的对话，不管是谁都有过这样的经历吧。随着时代的变迁，人们早已不坐在沙发上看

新闻了，取而代之的是浏览智能手机和计算机。仅仅是微小的变化，就让这场心理战反复上演。

 ## 倾听的分歧

　　就像上述对话一样，回答"在听对方讲话"的大多数人，虽然的确是在认真倾听对方说的话，但因为对"倾听"的理解存在偏差，所以会让说话人误会听话人没有在听。**回答"在听对方讲话"的人，听的是语句，也就是把握讲话的内容。但那些说"请你好好听我说话"的人，其实是想让对方倾听自己内心深处的感情。**一方是为了理解对方的话语而倾听，另一方却是想让对方倾听自己的内心感受。二者目的不同，于是就产生了分歧。

　　这种现象不仅发生在男女、上司和下属、朋友、父母和子女之间等，一切交流上的冲突都源于目的不同。由于这一分歧，很多人都无法与他人构筑良好的人际关系。

善于倾听的人很少

　　那么，不妨回顾一下自己的经历，试着回想你认为说话很有趣或善于表达的人。电视里的当红艺人、应酬时热场的人、职场上能让所有人理解策划方案的人、倾听他人讲话而忘却时间的人。这类人容易给人留下深刻印象，只要试着回想，不管是谁都能想起很多这样的人吧。

　　那么，接下来请你试着回想你认为擅长倾听的人。例如"如果对方倾听自己说话，自己一不留神就会说个不停""这个人在专心听我说话"。那么，结果如何呢？我们很容易想起善于表达的人，但如果不仔细回想，就很难想起善于倾听的人。因为掌握高效倾听的人很少。

了解高效倾听的重要性。

02

一切始于安全感

 当代人最渴望的东西

　　2019年年底，新冠疫情开始肆虐。这场持久战已远超人类的想象，给世界带来了巨大损失，无疑也将载入史册。疫情的不断扩散让人类生存的世界以及我们的脑海中，不断充斥着某种情绪，那就是不安。

　　在感到不安后，我们首先会思考：

　　自己的生活有何变化？

工作有何变化？这个世界将发生怎样的变化？

这场恐慌要持续到何时？

各种不安在我们的脑海里挥之不去。

总的来说，日本人一向以安全感为重，他们容易感到不安。例如对晚年的不安、对职场的担忧、对工作前途的迷茫等。这场新冠疫情更是加重了日本人的不安。一直渴望安全感的日本人，遇到令人恐慌的疫情，会感到不安很正常。与此相对，人们一直追求的是"安全感"。这份安全感，不仅是社会的根本，也是我们日常生活中人际关系的基础。

前人提出的"人的需求层次理论"

接下来，将为大家介绍各种倾听技巧。在此之前，为了让大家更好地理解本书，能立刻在生活中使用这些倾听技巧，请各位将本书的核心理论牢记于心。虽然是理论知识，但非常简单，即人类最初所追求的就是安全感。

人具有复杂的情感，有正面的也有负面的。正面情感有兴奋、愉快、喜悦、幸福、成就感等。在这些情感中，安全

感是人类最根本，也是最渴望的情感。

美国著名社会心理学家亚伯拉罕·马斯洛（Abraham H. Maslow）曾将人类的需求分为五个等级。除了"生理需求"，即人类维持自身生存的基本要求，他把"安全需求"定为人最基本的需求。这一点也表明了对我们来说，最基本的需求便是安全感。换言之，一个人若没有安全感，就无法满足其他情感。

技巧
2
经常反思自己能否给他人带来安全感。

03

人都是渴望沟通的生物

 一出生就体验到的感觉

人类为何如此渴望得到安全感？有个人解答了我的疑惑。

"永松先生，你知道人一出生就体会到的感觉是什么吗？"

"嗯……是什么呢？"

"是排出的感觉。"

"排出？"

"没错，是排出的感觉。首先，人出生后做的第一件事是

什么呢？"

那个人给出了这样的解答。我们出生后的第一件事就是哇哇大哭。"排出"顾名思义，即婴儿排出大小便后，会无意识地产生舒畅的感觉。学习是从输入开始的，但从本能的角度来看，人类的情感则是从输出开始的。

沟通有助于心情愉悦

当我们第一次体会到输出的快感时，那种愉快究竟是什么呢？答案很简单，**即将自己的想法宣之于口，换言之，就是"说"**。说的多少也是因人而异的，不论话多话少，只要说出口，人们或多或少都能获得心理上的快感。

回想自己的经历，我们就能立刻明白这一点。当我们痛苦时、不知所措时抑或是伤心落泪时，很多时候说出自己的想法会让我们变得轻松。脑科学研究的种种临床数据也表明，相比倾听，人在说话时更容易获得心理上的快感。因为人生来就是渴望沟通的生物。

谈话大师才知道的三种心理

在我的上部作品《高效沟通》中，我介绍了人的三种心理。这里重新讲述这三种心理。

（1）人永远把自己放在第一位，人都是最关心自己的。

（2）人都希望能够获得他人的认可与理解。

（3）人们更喜欢那些理解自己的人。

换言之，人们一直在寻求能与自己产生共鸣的人。不管是谁都想让他人倾听自己，直截了当地说，日本约1.26亿人都在寻找能够倾听自己的人。倾听者具有罕见的价值，在当今社会，其价值更是不断凸显出来。

技巧
3　　**人本来就是渴望沟通的生物。**

11

成为倾听者，就能顺利沟通

人都是渴望沟通的生物

很多人都在寻求一个倾听者

人会对倾听自己说话的人产生好感。

04

人们对沟通的看法

 沟通不需要复杂的技巧

"我一直都不擅长表达，要想提高自己的表达能力，我该怎么做呢？"最近经常有人这么问我。的确，表达流畅的人也许对很多人来说是有魅力的人。然而，在语言沟通中，流畅的表达方式并非都起到了积极的作用。况且，说话过于流畅，可能会让周围的人感到自卑，也可能会给他人留下巧舌如簧的负面印象。当然是有如何掌握合适的说话节奏的技巧，但本书只聚焦于沟通，并将为大家详细展开说明。

人与人之间的交流，并不完全需要这种流畅的说话方式。 在沟通中，与复杂的表达技巧相比，对方追求更多的是自身的心情愉悦。

主导沟通的不是说话人

另外，很多人都误认为沟通的主导权掌握在说话人手中。真正擅长沟通的人绝不会一味地用自己的理论去说服他人，因为他们深知人生来就是渴望表达的生物。换言之，**他们明白沟通的主导权其实不在于说话者，而在于倾听者。**

跟他一起学习倾听吧

我平时不怎么看电视，但为了学习，只要空闲下来，我就一定会看一个人的节目，他就是明石家秋刀鱼①。在我看来，明石家秋刀鱼是一位优秀的主持人，同时他也是一名相声演员，自然有着出类拔萃的语言表达能力。但是，在认真看了《跳舞吧！秋刀鱼宫殿！》这个脱口秀节目后，我才发现明石家秋刀鱼几乎不怎么开口说话。

即使是在说话时，为了便于接下来的嘉宾能顺利发言，明石家秋刀鱼也只做简短的回应。大致如下：

"哦？"

"欸？"

"哈？"

他会故意一边用夸张的语气做出回应，一边大笑着用秋刀鱼拍打桌子。而能够掌控整个对话过程的，只有明石家秋刀鱼。

当然，明石家秋刀鱼是日本顶尖艺人，也是主持人，但即便是我们这样的普通人，也能从他的表达方式中学到许多沟通技巧。下次看节目时，请你一定要关注这点，跟着他一起学习。

技巧
4　**沟通的主导权在倾听者。**

---

① 日本落语家、搞笑艺人、演员、主持人。——译者注

05

提升倾听能力的好处

 倾听无须掌握大量词汇

　　表达需要掌握大量的词汇，而增加自己的词汇量则需要花费很多工夫。而倾听则不需要掌握丰富的词汇。仅简短回复"欸？""啊？""这样啊""原来如此""学到了"就足够了。只需重复这些话，就可以引出对方的话题。如果整理倾听所需要的词汇列表，100个单词就绰绰有余了。

　　与表达相比，倾听并不需要大量的词汇，因此，哪一种更轻松就显而易见了。

倾听如同阅读

"读书利于交流"这句话已经流传几个时代了。因为大脑的输入量在不断增加，所以人们认为这是真理。然而，如今随着各种媒体的不断发展，社会也变得越来越复杂，人们读书的机会不可避免地大大减少。

但是，如果转变思维方式，我们就会发现：倾听与读书的差异在于信息获取的路径不同，即一个通过耳朵获取信息，另一个则是通过眼睛获取信息，但从给大脑灌输智慧、知识、信息这一层面来说几乎一样。因为倾听他人说话是通过耳朵获取信息的。

倾听助你读懂人心

日本有一种特别的说法——"领会字里行间的真意"，即

从字里行间去领会作者的真正意图。

专心倾听他人说话，就要倾听话语背后的情感，也可以说是在训练从字里行间领会他人的情感。每个人的话语中都隐藏着许多用语言无法表达的情感。专心倾听他人说话，可以充分理解同类人的情感。

倾听能有效降低冒犯他人的风险

仅靠语言让他人理解是很难的。在了解对方之前，一味地聊天往往会触及对方的痛处。也许是出于好意才说出的话，或是自己没注意到的部分，都有可能引起对方的不满。换句话说，就是"言多必失"。

倾听他人说话的过程其实就是一个收集信息的过程，从对话中你可以了解到对方的为人、想法，甚至是情感。通过倾听，你可以知道对方渴望的是什么，以此来切入对方感兴趣的话题。

倾听能发现自身盲点

　　人总有各种各样的想法，他人自然也有自己所没有过的经历，他们也知道很多自己不知道的事情。因此，倾听他人说话不仅可以知道很多自己未知的事情，也能注意到很多自己不曾注意的盲点。所以，一味坚持"自己无所不知"的态度，只会限制自身的发展。放下自身优越感，以一种"向他人学习"的态度去倾听吧！

　　只有这样，你才能体验到自己未曾经历过的事情、情感，并收获更多的知识，从而积淀人生的厚度。

倾听者无须害怕冷场

　　经常听到有人说："和别人交流时，一旦话题结束了，自己就会感到非常焦虑。"日本人在沟通时似乎总会害怕冷场。但如果你是倾听者，这种不安就会减轻很多。

可以试想一下，当你在和一个人交流时，他是说话者，你是倾听者。听着听着，对方突然陷入沉默。

"就是这么回事。"

"是吗？那真是太好了！"

"嗯，确实如此，因此……那个，什么来着？"

"嗯？慢慢说，不着急。你那时的心情怎么样呢？"

"啊，确实。后来呢？"

在这样的一段对话中，如果你是倾听者，就无须因冷场而感到焦虑，你只要面带微笑等待接下来由对方提出话题就好了。

由此可见，冷场的压力主要在说话人身上。即使话题中断，比起说话，倾听会更有利。

 ## 倾听者更容易获得好评

请试想一下，假如你现在在酒店的休息区里，有两位男性坐在很显眼的地方，虽然你听不见他们的对话内容，但可以看见其中一位男性边比画边努力地劝说对方。而另一位男性则坐姿端正，倾听着对方说话，不时从容地点头。那么，你认为谁更像大人物呢？

我想对于这个问题，应该很少有人会回答"前者"。至于大人物，用现在的话来说就是具有领导气质的人。人本能地会对一些从容、稳重的人产生敬畏之心。因此，比起滔滔不绝的人，一个好的倾听者更有魅力。你觉得呢？

说话人即使拼命地说，到头来也可能会成为被他人轻视的一方。而倾听者几乎不用费一丝力气，也能获得他人的好评。不可思议的是，倾听者仅靠听就能给对方留下一个大方、自然的印象。

技巧
5　　成为倾听者，对人生的各个方面都有利。

21

倾听者的7个优势

①词汇量少也没关系。

②拓宽知识面。

③能读懂他人的情感。

④有效降低冒犯他人的风险。

⑤积淀人生的厚度。

⑥无须害怕冷场。

⑦更容易获得好评。

大人物
大方得体
从容不迫

06

提升倾听能力没有那么难

 气氛紧张的初次见面

"第一次见面就很紧张，完全不知道该说些什么。"在大家的沟通烦恼中，我听到最多的就是这一句话。

我们对初次见面的人知之甚少。因此，人们经常会瞻前顾后、畏首畏尾，想着"这个人是什么性格呢""该和他聊什么呢"。纵观全世界，可以说这种内向性格是日本人的一个典型特征。

欧美人无论在什么场合，都会积极地和见面的人打招呼、微笑示好，这是他们的日常习惯。但日本人却尤其不擅长与初次见面的人交流。也有人认为"为了坦率地与他人沟通，我们应该学习欧美人的交流之道"，但我认为这种解决办法并不适合内向的日本人。

成为一流的捕手

那么，我们该怎么做呢？我给出的解决方案就是，**提升你的倾听能力和通过提问延续话题的能力**。例如，你现在在一个多人聚餐的场合。为了让你更好地理解，我会将沟通比作棒球，用棒球来举例说明。在场的众人中，有一两个成员非常擅长说话。这样的人在棒球队里的位置无疑就是投手。他们将球投出去，就好像一场谈话的开始。此时，对投手来说最重要的是什么呢？想必大家都很清楚，答案就是捕手。

名捕手不仅要接球，还要擅长在接球时故意制造出"啪"的声响。这是捕手为激发投手的积极性，故意制造出的夸张声响。捕手边说"好球！"边将球传回去，由此来激发投手的斗志。

　　其次，捕手可以选择将接到的球投至一垒、二垒或三垒，捕手对本垒①起着至关重要的作用。如果以捕手接球的位置为起点，投向扇形分布的其他垒，在棒球比赛中，捕手的位置相当于是（对话中的）倾听者。

 ## 利用日本人最擅长的东西

　　如果不擅长输出，那就不要勉强自己成为一个投手。比起这个，不如将精力放在磨炼技巧上，即"**对于投来的球（他人说的话），如何给出好的回应并接球？如何再将球投向其他垒（推进对话）**"。

　　几乎可以肯定地说，每一个好的发言者都有一个好的倾听者。反过来说，正是因为有了倾听者的存在，发言者才能安心说出自己的想法。

———————————

① 棒球和垒球运动中，打击者所站地方的垒包。为跑垒者得分的起跑点和回归点，通常是用木板或橡胶等物做成，呈五角形。——译者注

自古以来，日本都保留着一种文化——日本人认为单方面地袒露自己内心想法的人是话多且肤浅的人。反过来说，日本人认为认真倾听并默默理解他人的人才是品德高尚的人。一味地否认这一特点，只会让自己被欧美式的"袒露自己内心想法的人才是最厉害的"这一观念所束缚，因此，让我们重新审视日本人"能理解对方讲话的人才有价值"这一擅长之处吧。

柔道、茶道、合气道①……在日本的众多文化中，其名称都有一个"道"字。而且，几乎所有"道"的起源都有一个特点，即先从"被动"开始，不由自己发出信息，而是先接收对方发来的信息，一切都是由此开始的。从这一方面来看，日本人的"沟通之道"是从倾听开始的。

技巧 **6**　无须勉强自己提升沟通能力，先提升倾听能力吧。

---

① 源自日本，是一种利用攻击者动能、操控能量、偏向于技巧性控制的防御性武术。——编者注

提升推进话题的能力吧

给出良好回应的捕手（倾听者）更受人们欢迎。

07

因为不会倾听，很多人都吃亏了

能稍微给点回应吗

“和他说话，总是无法持续话题。”

“他真的有在好好听我讲话吗？”

“总感觉和他说话好累。”

在日常交流中，你会有这些感受吗？我在工作中曾有过这些烦恼。

那是我在从事演讲工作的时候。演讲时，观众少则只有1

人，多则超过10000人，所以这份工作对我来说压力其实是很大的。

在演讲的过程中，我的脑海里一边闪过那些曾与我交谈过的人的身影，一边在心中对他们表示感谢"谢谢你们一直以来认真听我讲话"，我不止有过一两次这种经历。虽然经历了很多次，我已经轻松了不少，但直到如今，看着听众那一脸严肃的模样，依然让我想问"我讲得难道很无聊吗"。

最糟糕的情况就是所有观众都将双臂交叉在胸前，对我的演讲毫无反应、面无表情。虽然经验丰富的前辈也曾建议我"你就当观众是南瓜，说自己想说的话就好"。但对我来说，把人想象成没有生气的南瓜，这完全行不通。

 ## 不善于表达感情的人

有时我还会在演讲之后举办聚餐。那些在我演讲时表现得毫无反应、面无表情的人在喝了一些酒后，有时会拿着酒杯走到我面前对我说：

"永松先生。"

"您好。"

"那个……"

"啊，谢谢您今天前来倾听。"

在这一段沉默的时间里，我紧张地向他道谢。

然后，过了一会，他说道："您说的那个故事很打动人！我很感动！"

如果你很感动的话，在倾听时，能不能给我点回应？我真的很想这么说。但如果问他有什么感想的话，他甚至连一些细节都能记住。

每次遇到这种事情，我都会想："日本人是真的不善于表达自己的情感啊。"而且，有很多人因为倾听方法有问题，在工作、生活、社交等各方面都吃了亏。

技巧
7
倾听他人说话时，要积极回应，一边表达自己的情感一边倾听。

08

为什么会议如此无聊

 人们讨厌开会的三个原因

问你一个问题："你喜欢参加公司的会议吗？"

如果有人回答"喜欢，一想到明天要开会我就兴奋得睡不着觉"，那这个人一定很幸运。但现实是，对于很多人来说"开会就等同于麻烦事"。

"真希望会议赶紧结束。""怎么做才能有效缩短会议时间呢？"这些殷切的愿望都证明了这个社会的会议过多。那么，

为什么人们会觉得会议如此无聊呢？

我认为大致可以分为三个原因。**第一，参会者的严肃表情给人带来一种压迫感。第二，来自听众的压力——错误零容忍。第三，"必须给出正确答案"的思维定式。**

接下来，让我们思考一下这三点。

 ## 会议中必须要全神贯注地听

日本的公司有"会议中参会者必须全神贯注地听"这一条潜在规则。

许多参会者会面带微笑，一边点头一边向发言者致谢……诸如此类的场景，除了会议有进展时，在电视上都很少见。但在公司聚餐时，喝醉的员工向老板吐露真心话的场景却并不少见。

不说真心话的会议没有任何意义。但是，往往有一种不可思议的气氛阻碍了大家说出真心话。仔细想想，不管怎么看，这种气氛都不合常理。开会时大家畅所欲言，聚餐时大家开开心心，只有这样才能提高工作效率。

无法提出良好意见的三个原因

那么，请试想一下，如果你是发言者，一边是面露难色的倾听者，一边是面带笑容、敞开心扉的倾听者，你更希望向谁吐露自己的心声呢？而在会议中，很多人在倾听时会眉头紧皱，嘴巴抿成一条直线，双臂交叉在胸前。而且，管理者还会摆着一副"必须提出好意见"的样子，给发言者带来了沉重的心理负担。

提不出好意见的第一个原因是**"倾听者费解的神色"**；第二个原因是倾听者"只认可正确答案"的氛围，我将它称为**"审判者姿态"**；第三个原因与管理者无关，与参会者的心理障碍相关。

无论是考试，还是回答问题，我们从小都会被迫给出一个正确答案。我们习惯于提交正确答案以获得合格的成绩，而不是得到针对发言的评价。比起评价发言内容，我们更习惯给出正确答案以获得好评，我将其称为**"踢皮球"**。

发言的一方必须说出正确答案，并且倾听的一方只想听正确答案，再加上倾听的一方摆出的为难表情。三点兼具的

情况下，"提出好意见"就更强人所难了。在这种充满压力的
氛围中，大家逐渐对开会产生抗拒心理。

几乎没有人能一击完成本垒打[①]。我们需要站在打击区多
次挥舞球棒，逐渐提高命中率。但如果初次站在打击区的人
面前已经横亘着一堵"必须命中"的判定之墙，那就没有人
想站在那个位置（发言）了吧。

"只要越过那堵墙就能变得更强大。最近的年轻人不行
啊。"这套理论来自经济高速增长的昭和时期的会议。

你的沟通是基于肯定还是否定

这里我是以会议作为主题来讲述的，但若考虑到倾听方
式这一点，即使在日常生活中也存在"面露难色""审判者姿
态""踢皮球"这三个问题。例如，亲子对话、前后辈之间的
聚餐，交流会无论哪一情况都会清楚地呈现出上下级关系，

---

① 指击球员将对方来球击出后（通常击出外野护栏），击球员依次
跑过一、二、三垒并安全回到本垒的进攻方法，是棒球比赛中的
高潮瞬间。——编者注

因此经常产生问题。当然，这会形成一种定式，即肯定氛围下的关系会变得融洽，而在否定氛围下，地位较低的一方越退缩，身居高位的一方就越有优越感。遗憾的是，这种定式依然根深蒂固地存在于社会各处。

技巧 8
注意"面露难色""审判者姿态""踢皮球"这三个问题。

令说话者退缩的三个理由

① 面露难色。

那个……

大家没什么好的意见吗？

② 审判者姿态。

可是我认为这个想法很有趣。

是吗？

我只认可正确答案。

③ "踢皮球"。

这样没问题吧？

……

想要听到好的意见，就创造一个包容一切意见的平台吧！

09

好的倾听者
利人利己

 我的失败经验

以双手交叉抱于胸前的姿态进行评判，并且只认可正确答案。至此我写了一些看起来很厉害的内容，但实际上我只是想隐藏自己的一些过去。

大概20年前，我开始经营一个面积为3坪（1坪约3.3平方米）的贩卖章鱼烧的小店，2年后也就是在我28岁时，我在故乡大分县中津市开了一家名为"向阳屋"、有两层楼的饭

店，可容纳150位顾客。对于一个只会做章鱼烧的20几岁的年轻人来说，这无疑是"摸着石头过河"。

饭店的员工数量从7人逐渐增加到近3倍的20人。原本只是餐饮行业才有的打包制度，如今正向着推销商品的大厅服务形式发展。

每天我都在不断地试错。我曾去书店读一些餐饮店的经营指南书，在那些书中，"员工沟通能力的必要性"可以说是必不可少的话题。久而自通，我制作了有关商品特征、推销时机以及与顾客沟通的指南，并布置任务要求员工全部将其熟记。

这里的员工都是初中毕业、高中辍学、"啃老族"或是被公司辞退的人，所以员工的文化水平较低，但若经营不好就以此为借口则会成为开店的致命伤。我反复督促员工，让他们在空闲时一起熟记指南，并扮作顾客测试员工。

其中最基本的是禁止员工临场发挥，为了让他们感情充沛且一字不落地向顾客传达所背内容，我开始即兴与他们进行各式各样的训练，而且我的设定多为爱挑剔的顾客。因为如果攻克了最难应付的人，那么剩下的难题就能迎刃而解了。

在整日的训练中，越来越讨厌沟通

"您好，欢迎光临！这是本店的推荐菜品，使用了××食材制作而成，是本店的招牌菜。"

"算了算了，推荐菜品也好，爆款菜也罢，你能说说它到底好吃在哪吗？"

"呃，这个嘛……"

"客人，您的杯子已经空了，需要给您续杯吗？"

"不用了，能消停一会吗？我正在说话呢。"

"啊，实在抱歉，我先退下了。"

"'客人，十分抱歉，我先退下了'你打算就这么回答顾客吗？你认为这样说能和顾客顺利进行沟通吗？"

紧接着是训练后的反省会，我让员工进行自我反思：

"自己究竟哪里做错了？"

"怎么做才能更好呢？"

而我则抱着胳膊一个劲儿地责备员工：

"为什么做不到呢？"

"明天之前可以有多大的进步？"

"没有更好的意见吗？"

"会议中你为什么一言不发？"

落笔时想到自己扮演的刁难人的角色，真的想对当时的员工说一声"我真的很抱歉"。

员工慢慢失去自信的同时，我的焦躁也与日俱增。在店里工作的期间，平时活力满满的员工脸上都仿佛笼罩着一层阴霾。我眼看着员工失去生气，完全陷入了负面情绪的循环之中。

 ## 倾听者对说话者产生的影响到底有多大

"怎么办才好呢？"

某天我开始对看不到希望的训练产生疑惑，正巧那时我在电视里看到了一个实验节目。可以说正因为当时受到了冲击和学到了知识，才有了本书。对我来说这颠覆了我对沟通的认知。虽然节目的标题我记不清了，但在我的模糊记忆里，那是一档类似"沟通特辑"的节目。请大家边想象画面边读下去。

节目中的实验共有6名男性和3名女性参加。节目将男性分成2组，在铺着桌布看不到脚下的桌边，6名男女分别相对而坐。先开始进行实验的3名男性是"不擅长和女性交谈"组。毫不客气地说，他们长着一副似乎不受女性青睐的脸。紧接着，第二组是"十分擅长和女性交谈"组。在我看来，这组的3名男性都是时髦的帅哥，不管怎么看都是很受欢迎并且能让所有人认可的长相。

女性的脚被桌布挡着，一旁放着踏板，规则是：女性如果觉得该男性说话风趣，便可以踩下踏板。只要一踩上去大屏幕就会开始记分并冠以单位"p"。只有观众能看到分数，说话的当事人无法看到分数。每次限时5分钟。

第一回合开始了。首先登场挑战的是"不擅长和女性交谈"组。这一组的战况十分惨烈，甚至从一开始男性们就想对节目组说"快饶了我吧，5分钟太久了"。男性们因为紧张而抑制不住地颤抖。坐在对面倾听的女性们脸上浮现出担忧的表情，仿佛在问"你真的没事吗"。结果，这3人以总计5分完败。

接下来，轮到"十分擅长和女性交谈"组意气昂扬地登场了。这一组在游戏开始之前以及落座时便主动和女性搭话，冷不防地逗笑对方并引导话题。挑战开始之后，女性们就在

轻松的交谈中笑声阵阵，不断地踩踏板。结果为85分，不愧
是受欢迎的男性们。

我十分敬佩，想着"原来如此，谈话果然很重要"，但实
际并非如此。这一实验的可怕之处才刚刚开始。

实验开始了第二回合。不久之前败北的"不擅长和女性
交谈"组再次落座。在开始第二轮挑战之前，节目组导演召
集女性们进行讨论，于是第二轮的结果与之前大相径庭。

第一组的分数不断上升，最终达到30分。从一开始的5
分到现在的结果实属不易。紧接着，之前取得85分的"十分
擅长和女性交谈"组最后结果下降为15分。造成从85分到15
分的巨大差距，导演究竟对女性们做何指示了呢？

答案很简单。导演为女性们布置了以下任务：面对先登
场的"不擅长和女性交谈"组时**无论如何都要面带微笑并做
出夸张的反应，表现出她们在饶有兴趣地倾听**。而对于稍后
上场的"十分擅长和女性交谈"组则**不管男性们如何使出浑
身解数与她们交谈，都要表现得一脸严肃，不予肯定地听**。

那么结果如何呢？

"不擅长和女性交谈"组的男性们被女性们的反应所鼓
励，情绪渐渐高涨，增加了一些身体动作和手势，于是分数
不断提高。而之后的"十分擅长和女性交谈"组面对着严肃

且毫无反应的女性们，他们感到白忙一场，表情逐渐僵硬。此刻，边擦汗边努力说话的帅哥们自信全无，显得十分可怜。

这一档节目证明了**"在交谈中，倾听者的反应对说话者产生的影响非常大"**。

"真是厉害，能想出这种招人同情的实验。"我对节目导演组的成员表示十分敬佩，但也无论如何不想参与这种实验。与此同时，我忽然意识到自己可以做出哪些改善了。

创造一个充满安全感的平台

"我决定从今天开始停止沟通培训。向阳屋应该是一个让顾客畅所欲言、胜败全凭倾听的地方。"

"难以置信茂久哥（员工们一直这样称呼我）竟然会这样说……"虽然员工们没有说出这句话，但这句话已写在了他们的脸上。

这时，我的弟弟永松幸士作为"气氛组担当①"如约而至，

---

① 指活跃气氛、带动气氛的人。——编者注

他代表员工向我提问：

"茂久哥的意思是以后只需要面带微笑倾听客人的话就行了吗？"

"嗯，是这样的。"

"那么如果被问到招牌菜的话，回答一句'这个很好吃哦'就可以了吗？"

"是的，总之不要说多余的话，微笑点头就足够了。但是仅这一点请大家不要输给其他店了。"

"只是这样的话，我们一定能做到！大家开干吧！"

"好！"

店内的气氛开始高涨起来。一直心情郁闷的员工重新绽放出笑容，店内充满了这样的声音："我扮演顾客吧。""那我担任员工！"这种氛围下，员工四处随意地开始了排练，店内宛若一个戏剧的练习室。

会议和朝礼的秘密

"在当地打造一个让客人感到交谈氛围最轻松的店。"这一"沟通大作战"为店里带来了意想不到的效果。

结束清扫、完成准备工作，开完例会和早会后再开门营业是我们店的惯例。因为我制定了"倾听决定胜负"的规则，员工的任务就由说话转为微笑点头。

最初是从大家努力听我说话开始的，但不久后大家各自的发言也多了起来。其中，不知从谁开始，形成了一项规定——如果有人提出意见，不管意见如何，大家都要竖起大拇指给他点赞并予以肯定。

那之后的大约10年，脸书①（Facebook）问世，我们店里的一个员工在看到"点赞"标志后一脸认真地说了一句话："脸书莫不是剽窃了我们点赞的创意吧？"这说明一切先从肯定开始的文化已深入人心。

 "不擅长表达"只是心理作用

肯定文化在早会的演讲中不断发展。

① 已改名为"元宇宙"（Meta）。——译者注

在早会上大声讲演时，我最初规定"为确保大家都能发言，每一位都要将发言控制在1分钟之内"。但是，后来我取消了时间限制。

现在是"不能轮到所有人发言也没关系，想说什么就尽情发言吧"，员工只需积极地畅所欲言即可。总之，变为重视听者的反应。极端来说，即使对方说了"1＋1=3"，也不允许其他人纠正或面露难色，而是说出"原来如此！""是这样的！""太棒了！""新观点！"并报以灿烂的笑容和热烈的掌声。

别人或许会认为这是一种难以置信的方式："那些人大声地说着奇怪的事情，为什么还要互相夸赞呢？"这种情况就像在一个没有背景音乐的练歌房里穿插掌声与喝彩一样。

通过充分地重视倾听，在多次开例会和早会期间，员工的演讲技巧逐步得到提升，无论是员工的自信心还是客人的数量都增加了。

他们的"不擅长说话"这一自我印象并非事实，只是刻板印象。他们不是不能说，而是没有处在一个能畅所欲言的环境里。

无论做错了什么，如果能抱有"周围的人会耐心倾听我说话"这种坚定的安全感，那么每个人都可以变得会说话。

　　我从他们身上学到了这一点。我不经意间在电视上看到的那个实验节目，不仅改变了我的店，也成为改变我的沟通价值观的转折点。

技巧
9 **打造没有否定的空间，让每个人变得会说话。**

创造充满安全感的空间的方法

① 微笑点头示意地倾听。

我的偶像实在太帅啦！

是的。

然后呢？

② 一切从"点赞"开始。

前几天我难得去看了电影。

真不错。

看了什么呢？

③ 禁止纠正和面露难色。

1+1=3。

不对，是等于 2。

纠正

这个人在胡说什么呢？

面露难色

倾听方法之一是周围的人要活跃话题。

成功人士的
38种倾听技巧

第 2 章

受欢迎的倾听技巧

10

高效倾听是成为 "万人迷" 的捷径

 你打开让人安心的闸门了吗

　　本书最想传达的理念是"人会对给自己安全感的人产生好感"。有了安全感，人们才会向对方敞开心扉。一旦获得安全感，人就会找到自己的位置，从而产生一种"我在这也挺好"的感受。

　　获得安全感会让我们身心放松、头脑灵活，可以发挥自己原有的实力。因此，成为一个给他人安全感的人，是受人

欢迎、拓宽人生的最佳捷径。

　　能够掌握这种倾听技巧的人被称为**"反应美人"**。这和年龄、性别或是容貌没有任何关系，倾听的姿态即是成为"反应美人"的关键。

　　然而，令人遗憾的是，现在这种人并不多。总的来说，由于日本人的内敛文化，很多人在面对他人时，会下意识地产生戒备心理，或是有所顾虑，还会审视对方，从而导致交流质量降低，最终失去自信。

　　本章真正要讲的是"如何才能掌握倾听的诀窍"，即为大家介绍成为"反应美人"的具体技巧。

点头的含义

　　即使是不擅长沟通的人，也能轻松掌握与对方产生共鸣的最佳身体动作。

　　首先我想说的是"点头"。日语中表达"点头"意思的词使用最多的是"颔首"，其次用得最多的是哪个词大家知道吗？那就是**"肯定"**。

"点头"是在**"我认可你"**时做的动作，意为初次肯定、持续肯定、总是肯定。

技巧
10 ▶ **点头是肯定对方的最佳反应。**

11

不善言辞也能战胜能言善辩

不善言辞 ≠ 不会沟通

为什么他总是那么有魅力？

为什么只要和他在一起就会感到身心愉悦？

为什么他如此擅长沟通？

你身边是否有人有这三个疑问？这些人为了磨炼沟通技巧，每天面壁练习10分钟的演讲。这种特别的训练恐怕让人很难坚持。

本来是所有人都能做到的事，但大家几乎都在为了附和对方去做自己没做过的事。当然，善于沟通的人，能够把自己的想法自然地告诉对方，从这一点来看，或许这就是沟通的便利之处。正因如此，很多人认为自己不擅长表达，也不善于沟通，所以努力学习沟通技巧。

然而，人类本就是希望他人倾听自己的生物。**相比减少对方说话的时间以便让自己表达的人，那些担忧对方能否轻松表达的人，即倾听者，会因为成全对方表达的意愿，成为备受欢迎的人。**

首先，学会在倾听时点头。这一点非常重要，实际上我们还要提升点头的能力，需要一边给出适当的反应，一边引出对方的话语。

 ## 反应极佳的人才会的五种倾听技巧

接下来，我不是为你讲述如何费尽心思地用言语打开对方的心扉，而是为你介绍在与对方自然地开始交谈时，让你快速受欢迎的最佳倾听技巧。我将反应绝佳之人的这五种受人喜爱的倾听技巧，称为**"魔法倾听"**。

"倾听"是指侧耳耐心倾听对方的话。"魔法倾听"就是调动你的各种器官，如眼睛、耳朵、心等，来倾听对方说话。或许开始会有些困难，但如果习惯了，你就会发现真的很简单，并且这是给对方留下印象的最佳方法，请一定要掌握。

技巧
11　掌握"魔法倾听"，你将无人能敌。

12

魔法倾听1：
表情篇

下意识地露出笑容

"世界共通的语言并非英语，而是微笑。"

我的工作及爱好之一就是演讲。对我而言，遇见优美的词句，就像爱好画画的人遇见一幅绝美的画一样感动。上文这句话是我在某则广告上看到的，也是我收录的文稿中非常喜欢的一句，事实证明确实如此。

笑容能给他人带来安全感，从而打开他人的心扉。这是

58

达到互相理解的最佳沟通技巧。在反应绝佳的人使用的"魔法倾听"中，最具代表性的就是笑容。

牢记初次见面时，首先你要面带微笑。先露出笑容，会让你在对话中掌握心理上的主导权。

根据对方的说话内容做出相应的表情

做出表情后，接下来记得**表情要随着对方情感的变化而变化**，也就是要配合对方说话的节奏，善于倾听的人会做出相应的表情。虽然最初的笑容可以让对方感到安心，但之后的谈话内容复杂多变，这就需要你根据谈话的内容，做出相应的表情了，如悲伤的表情、沉思的表情等。如果对方情绪低落，而你依旧一脸笑意，很可能会让对方怀疑你是否真的理解他的心情。

之所以要做出相应的表情，是因为这可以向对方表达出"我非常理解你"的心情。要时刻根据对方的话做出相应的表情。

让你的眼睛比嘴巴更会说话

然后就是眼睛。面带微笑，嘴角上扬很重要，但人总是会下意识地看向对方的眼睛。如果**把视线集中在对方的眉宇之间**，沟通会更加顺利。看到这，你也来试一下吧。

专心倾听对方说话时，如果将注意力放到对方的眉宇之间，你的表情自然就会变得严肃。相反，面露微笑时，我们可以注意到眉宇会随之放松。感到惊讶时，我们的眉宇会自然地偏向额头处，眼睛也会突然睁大。

我们很难用眼睛向对方传达思想以外的内容，可以尝试做出夸张的反应，你的表情会更加丰富。

技巧
12　　**沟通时保持表情丰富。**

13

魔法倾听2：
点头篇

 把握点头的幅度

　　前文中我提到了最能给对方带来安全感的动作是点头。然而，在我们从小受到的教育中，并没有强调倾听时要点头。因为"倾听＝安静无反应地听"是我们一直以来遵循的倾听标准。但是，试想边点头边倾听带给我们的安全感，其魅力不管是谁都能切身体会吧。

　　接下来将介绍上文提到的点头。事实上点头能切实地表

达我们的感情，这就在于点头的深浅。通过调整点头幅度，来掌握话语权。

　　试着回想点头的大、中、小这三个幅度。幅度小的是脖子不动只有下巴动，幅度中等的是向下点头，幅度最大的是脖子和头同时向下点并和后背垂直。平时只需微微点头；当对方说得尽兴时，点头幅度为中等；当对对方的话感同身受时，点头幅度最强。

　　相比一直保持相同幅度的点头姿势不变，这种强弱分明的点头才更能在沟通中把握节奏。点头就像管弦乐队的指挥棒。

通过"帽带理论"引出话题

　　接下来我将为大家讲述我在点头时使用的想象法，我将其称为"帽带理论"。

　　首先，想象自己的下巴有一根绳子。接着把对方的脑袋想象成抽屉，把自己下巴的绳子系到对方抽屉的把手上。这是一个会感到悲伤的抽屉，有自动关闭的装置。因此，反复开关是很重要的。以下就是根据下巴想象出来的画面。

那么，怎么样呢？用力地一拉，抽屉就会打开，里面的经验、智慧、想要说出口的话会一下子全部"蹦"出来。沟通时带着这种意识，自然就会养成点头的习惯。不过，这毕竟只是想象的画面，能成为各位的参考，我深感荣幸。

技巧
13 ▶ **恰到好处的点头，能引出对方内心深处的话。**

14

魔法倾听3：
动作篇

以何种姿势倾听

　　倾听的姿势很关键，不仅能给对方带来安全感，而且也可能让对方产生压迫感与疏离感。

　　第1章介绍过，如果倾听者面露难色、双手挽臂，摆出一副傲慢的姿势，一定会令对方感到不快，也会让对方失去表达的兴致。以这种姿势倾听，会使对方无意中产生"不能被对方看扁""这场对话为什么还不结束"等心理。如果想和对方愉快地交流，你的身体要尽可能地微微前倾，这样可以给对方留下好印象。

靠近对方以打开话题

在日常交流中，迎宾台处的对话很常见。例如，和重要的人一起聚餐喝酒时，进入饭店前，通常会有人在迎宾台处迎接你并给你带路。这时**如果下意识地靠近对方**，沟通会顺利很多。

如果你能事先意识到这点会让人感到很温暖。虽然所谓的靠近到底只是想象，**但将身体靠近对方，其实就是敞开心扉，有意识地向对方靠近的心理活动**。

倾听时尽可能放下智能手机

虽然这与姿势有些偏离，但对集中注意力来说很重要。

　　如今，智能手机已经成为我们日常生活中不可或缺的东西。从商业到个人隐私，智能手机几乎已经覆盖了我们生活中的一切。然而，正因为如此，智能手机也成为我们交流中产生纷争的原因之一。

　　对方正兴致勃勃地说话时，你的注意力很有可能会被智能手机的震动声所吸引，最终导致边倾听边做其他事情的结果。在与重要的人聊得尽兴时，出于礼貌，尽可能把智能手机放到不易引起对方和自己注意的地方。

技巧
14　　**培养良好的倾听态度，用心倾听。**

15

魔法倾听4：
微笑篇

 两个人一起笑更好

如今，越来越多的人正试图想方设法地逗笑他人，这大概是受到了日本影视文化中搞笑艺人的影响。

"一般认为说话幽默的人才是有趣的人。"

"不说有趣的话，对话就会停滞不前。"

其实，在一段对话中不需要刻意逗人发笑。重要的是在倾听时要发自内心地笑，而不是想方设法地逗笑他人。如今，

人们最渴望的是什么呢？

你应该知道答案了吧。

答案就是我反复强调的安全感。当然，在这个世界上有很多极具幽默感的人，但在人们长期交往的过程中，总是制造笑点会让双方都感到疲惫。

对说话内容表示欣赏才是有效共情

共情能力的强弱将会成为今后有效沟通的关键。上文提到了给人安全感的一个动作是点头，**其实"微笑倾听"也能给人安全感**。

对搞笑艺人来说，逗笑他人就如同家常便饭，但我们不是搞笑艺人，只是普通人。

如果我们想通过语言逗他人发笑，就必须拥有较强的说话技巧、洞察力、笑话收集能力，并接受一些训练。

与其将大量的时间和精力花费在能否戳中对方的笑点上，不如和对方一起笑，从而产生共鸣，提高你的表现能力。擅于回应的人早已深谙此道。倾听时，要如喝彩助兴般点头表示理解；回应时，要加倍报以笑容。

倾听时发自内心笑的人更受欢迎。

16

魔法倾听5：
感赞（感叹+称赞）篇

 倾听高手使用的扩展话术

　　我在上一本书《高效沟通》中，曾介绍了一种沟通技巧，叫"扩展话术"。

　　"扩展话术"并非指制造话题的说话技巧，而是指通过对方抛出的话题来展开对话。它由五个部分构成。一是感叹，二是重复，三是共鸣，四是称赞，五是提问，这五点都很重要。

在本次的"魔法倾听"中，我挑出了当中最能打动人心的感叹和称赞这两点，并将其放在一起进行说明。

感叹+称赞，简称为"感赞"。不过，"感叹"和"称赞"并不是由我想出来的，而是在会话实践的讲座中，我根据客户意见总结得出来的数量最多的两个关键词，"感赞"则是我自创的一个词。

回应一半靠"感赞"

感叹是倾听者对说话内容感到惊讶的表现。如"哇""欸""哈""哦""啊"等，这通常是我们下意识的回应。而称赞就是赞美对方，如"太棒了""完美""给你点赞"等。在魔法倾听中，可同时运用这两种技巧。

"我最近升职了。"→"哇，你太厉害啦！这真是太好了。"

"我最近开始养狗了。"→"欸，养狗吗？太棒了吧！小狗很可爱吧？"

"今天，我们去那家饭店吧！"→"啊，好开心。你居然现在还记得我之前说过想去那家饭店。"

　　像这样，将"惊讶与赞美"一起传达给对方。如果觉得有些夸张，不妨自己先试一试。

　　魔法倾听中最重要的就是"感赞"。借着这份"感叹与称赞"，几乎可以决定对方之后的情绪。"反应美人"在交流中往往是从发挥"感赞力"开始的。

将魔法倾听的五种技巧整合为一

　　表情、点头、姿势、微笑以及"感赞"，这五种倾听技巧就是魔法倾听，即可以与对方轻松且自然地交谈，俘获对方的心。

　　假如对方说："我决定要创业了。"此时，你使用魔法倾听，就会出现如下场面：

　　身体微微向前倾（姿势），边点头（点头）边微笑（表情）。然后说："哇（感叹）！太棒了（称赞）！你太厉害了吧（称赞）！哈哈哈（大笑），你果然很厉害呢（称赞）！这真是一个勇敢的决定（称赞）！我一定会支持你的！"

　　通过这套技巧，就能让对方感受到你是一个好的倾听者。

前文中详细介绍了魔法倾听，你可能会感到内容繁多，可一旦你开始尝试魔法倾听，将这些内容实施起来，你将感觉非常简单。

一开始你可能会觉得不自然，但习惯之后就会觉得很简单，并且这很容易让你养成习惯。请牢记：对他人的反应表现出惊讶和赞美，将改变你们之后的对话。

技巧
16　**能否掌握"感赞"技巧，关系到之后话题是否可以延续。**

受欢迎者常用的"魔法倾听"

① 表情。

你好。

你好。

② 点头。

这是我的泰迪，很可爱吧!

确实很可爱呢!

③ 姿势。

我有件事要和你商量……

今晚我会听你说完。

④ 微笑。

有这样一件事……

真有趣!

⑤ 感赞（感叹+称赞）。

我成功了。

哇! 你太厉害了!

恭喜!

17

掌握"魔法倾听"，
你就赢了

 倾听和说话哪个更难

    继之前关于沟通的书出版后，这次我打算写一本关于倾听的书。有了这一计划后，我就着手进行调查。在调查过程中，我发现了每个人的反应都是不一样的。通过这些人的反应，我了解到，人们对倾听有不同的认知。

    一部分人认为"倾听方法确实很重要，但它太深奥、太难懂了"；另一部分人则认为"比起说话，倾听更轻松、更简单，庆幸是对方发言"。

据我一直以来收集到的数据表明，人们在对倾听的认知上，有一个非常有趣的特点，即大部分男性表示倾听较为困难，而大部分女性则表示倾听较为简单。

男女在沟通上的认知差异

我并不认为造成这一情况的原因只有一个。如果一名男性常被女性责问"喂！你有在好好听我说话吗"，就意味着这名男性要好好反省自身的倾听方法。相反，与男性相比，很多女性因为与他人的交流频率较高，有过失败的沟通经历，所以对说话本身感到畏惧。

虽然我是一名男性，但如果问我"说话和倾听哪个更简单"，我会毫不犹豫地选择后者。不要把倾听想得太复杂，倾听其实就是通过简短的措辞，与对方产生共鸣的过程。

请你一定要尝试一下"魔法倾听"，你一定能感受到倾听的魅力。你会发现原来使用这么简单的方法就能让对方开心。**在当今社会，很多人把倾听想得很难，其实倾听并不难，付**

诸行动的人才是难能可贵的。

掌握"魔法倾听"，你就赢了。

技巧
17 **不要把倾听想得那么难。**

18

倾听能改变人生

 "魔法倾听"竟源自打盹

　　"魔法倾听"就像"神灯中会飞出精灵"一样神奇，这种技巧表面给人一种很厉害的感觉，但实际上源于我那无可救药的坏习惯。

　　你可能会觉得"魔法倾听"有些难，也有可能会怀疑自己是否能做到，为解决大家的疑虑，接下来我将介绍该技巧的诞生经历。放松心态来阅读，你一定会有这样的感受：啊，这种人都可以做到，那我也一定也可以。

20多年前，我从九州来到东京，没有认真去大学上课，而是整天游手好闲，后来有幸遇到一家出版社的董事长，他让我在出版社兼职。

那家出版社的名字是Office 2020，法人代表是绪方知行。绪方知行既是出版社的法人代表，又是一名作家，在创作文章的同时也会在公司开研讨会。我一直称呼他为"绪方老师"。

当时22岁的我，失学之后重返校园，上学期间一直在这家出版社打工，我的工作内容包括给绪方老师拎包以及给运营公司研讨会的事务所帮忙。

在2020年的研讨会上，绪方老师凭借其人脉，邀请了一位大名鼎鼎的董事长前来演讲。但当时的我不谙世事，完全不了解那场演讲的价值。而且，这场演讲中涉及的都是经营术语以及只有商务人士才懂的英语表达，所以在了解这些内容的含义前，我根本不了解其价值。等我回过神来，发现自己总是在事务所后面的桌子上打瞌睡。

突如其来的任务

当时日本正流行棕色长发，我也留了一头长发并染成了棕色。虽说是兼职，但毕竟我也是事务所里的一员，所以不能像高中生那样肆无忌惮地趴在桌子上睡觉。于是，我努力端坐着抑制睡意，不停地左右晃动脑袋。在一群黑色头发的听众中，一颗棕色脑袋在后面晃来晃去，十分引人注目。讲师们向绪方老师抱怨，回到公司后，绪方老师就训斥我。这样的事情发生过很多次。

我迎来了一个转折点。一天，绪方老师给我布置了一个让人意想不到的任务——**坐到最前面的中间位置倾听**。如果拒绝，我就拿不到打工费了。于是，我只能硬着头皮上。在布置任务时，绪方老师提出了几点要求：

"听好了，茂久。你在倾听时要微笑并点头。"

"老师，如果听不懂怎么办呢？"

"那也没事。总之，第一，你在倾听时要一直保持微笑并点头。听懂了吗？"

"我明白了，我会努力的。"

"第二，你要认真做笔记。"

"我听不懂的地方也要记吗？"

"你听不懂的话可以先记下来，讲座结束后再自己查找相关资料。重要的是，你要有一个认真做笔记的态度。"

"我明白了。"

"第三，如果讲师说起一些有趣的内容，不要在意周围的目光，你可以尽情笑出来，反应要稍微夸张一点。"

"就我一个人笑也没关系吗？"

"你很在意周围人的眼光吗？"

"啊，那倒不是。第三点我应该马上就能做到。"

就这样，我开始了不一样的打工生活。在举办研讨会时，我坐在讲师正前方的中间位置，一边微笑点头一边做笔记，并做出夸张的回应。虽然有些内容我不太能听懂，但还是按照老师提的要求努力完成了任务。

后来，前辈们说：**"在一群黑乎乎的脑袋中，有一个棕色头发的人在点头，非常显眼。以前他总是打瞌睡，脑袋左摇右晃，现在上课时还会时不时点头，真让人欣慰。"**也不知道这是在表扬我还是在批评我。

深受老板喜爱的棕发打工人

我接受这项任务后不久，就发生了一件不可思议的事情。前文提到的那位大名鼎鼎的董事长，也就是我们的讲师，他在说话时视线开始落在我身上，而且次次都是。

不知从何时起，绪方老师还会收到一些奇怪的请求："你能不能把那个棕发小伙派到我们这里当听众？有他在可以活跃气氛。"

绪方老师也会对各位老板说："我们公司有个年轻的怪小伙，深受讲师们的喜爱。"于是，那些董事长开始对我产生兴趣。我接受了这项特殊的任务，既要参加研讨会，又要陪同绪方老师采访董事长，充当一个点头角色。绪方老师带我去了很多地方。尽管我还是个学生，却受到了多位董事长的喜爱，借此机会，我结识了很多优秀的人。

通过这段经历，我的脑海中形成了与常识截然不同的公式——"演讲＋研讨会≠倾听学习的平台""演讲＋研讨会＝点头并与老师们亲近的平台"。

一边点头一边认真倾听。这种只要有心就能做出的简单反应，一旦成为习惯，就能为我们带来无法估量的价值。就这样，"魔法倾听"就从我打瞌睡的经历中意外地诞生了。

　　磨炼倾听技巧比磨炼说话技巧简单得多，而且能够轻松让对方感到愉悦。我相信，"魔法倾听"才是让对方和自己都感到幸福的最佳沟通方法。

技巧 18
只需磨炼点头技巧，就会有超乎想象的收获与邂逅。

不令人生厌的倾听技巧

19

交流的第一步是不让对方反感

 敞开心扉需要一步步来

在了解"魔法倾听"的技巧之后，我希望你能将其与下面的内容联系起来。接下来，让我们掌握更受人欢迎的倾听方法吧。在与人沟通时，请大家理解我多次强调的这一点，那就是**"人都会感到不安。为了得到对方的喜爱，我们首先应该消除对方的不安，而不是喋喋不休"**。

在这种不安的情境下，人无法敞开心扉。所以要先消除

对方不安的感觉，给予其安全感。**顺利沟通的关键在于"在得到他人喜爱之前，先要保证自己没有被人讨厌"。**重要的是让对方感受到"这个人让我感到安心，可以放心对他说心里话"。

至今我遇到过许多这样的人，也有很多人会感到惋惜"为何初次见面，这个人就摆出这种倾听态度呢"。如果让本就充满戒备心的人更加封闭自己的内心，那么你之后想再得到他的喜欢，让他敞开心扉，就要花费更多的心力了。

 北风与太阳

有一则非常有名的寓言故事，叫《北风与太阳》。应该有很多人听过这个故事吧。

一天，北风与太阳聊天，双方比赛看谁能先让旅行者脱掉衣服。北风吹得很卖力，旅行者牢牢抓住自己的衣服，以免被风吹走。而太阳则温暖地照耀着旅行者，不久，旅行者就感到很温暖，自己脱掉了衣服。结果太阳获得了最终的胜利。

这则寓言故事对我们的日常交流和人际交往有很大启发。

旅行者正是交流中的对方；北风是那些自说自话，一味将自己的想法强加于他人的人；太阳就是那些认真倾听对方每一句话的人，和他们交流就像裹着毯子一般，让人感到温暖。 北风和太阳谁能先使对方敞开心扉呢？请你试着想象一下。

毫无压力的对话才会吸引人

"一切生灵都将奔向幸福。"这就是我一直珍视的理念，即便现在重新体会，这句话也非常有道理。可能有人会觉得这是理所当然的，但人们往往会忽略这个简单的道理。也正因如此，人们有时会忽视对方的感受，只顾及自己的感受自说自话，甚至会伤害到对方。大家都是为了幸福而活着，因此，要远离那些伤害或否定我们的人。

那些能够照亮我们前行道路的人，那些能够理解我们的人，那些能够温柔相待的人，那些能够接纳我们并耐心倾听我们说话的人，更受人们欢迎。尤其在进行日常对话时，我们要尽可能创造一个对对方来说无压力的环境。除了工作场合，没有人愿意和那些让自己感到不舒服的人待在一起。**在**

**得到对方的喜爱之前，先给对方安全感，消除对方的顾虑。
因此，相比"应做之事"，更重要的是确定"不可为之事"。**

　　我总结了倾听时不能做的九件事。接下来，我将告诉你们有效的倾听技巧。让我们一起开动脑筋吧!

技巧
19　　　**不否定他人的倾听者更受欢迎。**

我们在获得他人的好感之前，要先保证自己不会让他人生厌

对于经常否定他人的人，人们总是避之不及。

这样不行。

这人真讨厌。

又被否定了。

别勉强了。

反正你总会失败。

真是不想再和他说话了。

人们更愿意靠近积极倾听自己说话并鼓励自己的人。

你这不是挺厉害的嘛！

他总会表扬我。

这个想法真是太棒了！

好开心。

好主意！不愧是你！

和他在一起我也变得更开朗了。

先给予对方安全感，消除对方的顾虑。

91

20

不令人生厌的倾听技巧1：
不因意见不同而否定他人

 尽量不说"这是不对的"

　　人们有着各种各样的价值观。在如今这个信息化社会中，我们轻而易举就能获得大量信息，这也意味着我们会接触到不同的价值观。因此，人与人之间自然而然就会产生分歧，要接受这一点可能有些困难。但实际上，直到现在日本还保留着一种交流方式，即上下级之间、亲子之间、前后辈之间的单方面指责。

　　如果你自认为的常识，对大部分人来说也是常识，那么当你遇到与自己价值观不同的人时，你自然会认为他是错的并指出来。先不谈这会给对方带来多大的伤害，你要明白他并没有错，只是**你们的价值观不同**罢了。任何人都不愿意被他人否定自己珍视的价值观。

技巧 **20**　**我们要学会理解不同的价值观，不要一味地否定对方。**

21

不令人生厌的倾听技巧2：
不把自己的想法强加于人

 注意表达想法的方式

　　世界上不存在绝对正确的答案，如果过分追求正确答案并与他人争论，对方就会有被否定的感觉。一旦这种情况发生，对话就无法顺利进行。**将自己的想法强加于人，即使正确也会令人反感**。良好的沟通并非如此，而是通过认真倾听，了解对方的想法与感情。

　　尤其要注意的是喝酒的时候。通常情况下，我们做事会比较理性，而一旦喝了酒，理性的"刹车"就会失灵，不知不觉我们就会暴露出真实的自己。这种状态下，一旦遇到了与自己的价值观不同的人，人们往往就会攻击对方，从而导致人际关系破裂。只有尊重他人，才能构建良好的人际关系。

在日常交流时，最好的做法就是不要好为人师，不要有纠正对方观点的想法。当别人问你怎么想时，你只需表达自己的价值观即可，注意不要将自己的价值观强加于人，例如"我是这么想的""这种情况，我会这么做"等。至于对方如何理解、如何取舍，那就是对方的事了。

自己有自己的价值观，他人有他人的价值观。请牢记这一点。

技巧 **21** **良好的人际关系不是一味地将自己的想法强加于人。**

22

不令人生厌的倾听技巧3：
不与说话者争高低

 放下自己的优越感

从某种意义上来说，倾听比说话更能考验人的气度。我们或多或少都会有一种莫名的优越感。很多人会勉强自己说一些场面话，或者使用一些生僻的专业词汇和外语。除了一些同行业人士聚集的特殊场合，在日常交流中，我们要尽量使用一些易于对方理解的措辞，要考虑对方所处的立场以及心情。

当我们说这种场面话或生僻的专业词汇和外语时，会让人感到既晦涩难懂又枯燥乏味，几乎没有人会从心底真正地敬佩你。请牢记这一点。

此外，我们还要注意不要过多崭露锋芒，或是打断别人说话。"那个人总喜欢表现自己"，想必大家并不想被人这么说吧。

技巧
22　　**放下自己的优越感。**

23

不令人生厌的倾听技巧4：
别让结论束缚了自己

 日常对话不纠结结论

在这个世界上，既有善于表达的人，也有不善于表达的人，每个人的语言表达能力参差不齐。既有善于用比喻来表达的人，也有善于用笑话逗人发笑的人，相反，还有不善于将想法宣之于口，说话毫无逻辑的人。如同世界上既有擅长跑步的人也有不擅长跑步的人，既有擅长学习的人也有不擅长学习的人一样。

在日常交流中，我们在面对那些不善于表达的人时，要注意在倾听时不要摆出一副极力追求结论，或不解其意的样子。一旦按照自己的节奏，用"总的来说"或"简而言之"这类词做好总结，不擅长表达的人就会不知所措。在日常交流中随意一些就行。

那么，我们不妨把这一技巧运用在商务场合。

比如你现在正忙得焦头烂额。这时，一个不擅长表达的下属来找你商量事情。因为这个下属不擅长总结，所以听他说话要花费很多时间。这时，一个行之有效的方法就是**先提醒对方时间是有限的**。

例如，"再过30分钟，我就有15分钟的空闲时间了，你能等我一下吗？"如果你这样说，下属就会有"必须在15分钟内说完"的意识。如果他表达的时间还是很长，你可以说："你想表达的是这个意思吗？"以此来委婉地催促对方下结论，这也是一个好方法。

最应该注意的是不要给对方施加压力。如"话说回来，你到底想说什么""我有点忙，你可以直接从结论开始说吗"等。

谁都有擅长与不擅长的事，我们要理解这一点，和下属一起进步是一件很有意义的事。

技巧
23 　　**不要给不善于表达的人施加压力。**

24

不令人生厌的倾听技巧5：
不要一开始就给出答案和解决方法

 一切答案都在自己心中

　　当人在坦言自己的烦恼时，你突然告诉对方解决方法，反而会让对话陷入进退两难的境地。虽然人们有时也想从对话中获得解决方法，但大多数时候，人们只是想让他人理解自己的心情而已。

　　其实每个人心中都有自己的答案，很多时候他们只是想让你倾听他们的烦恼，说一些安慰的话来鼓励他们罢了。这

时候提问更有效，不要直接告诉他们最佳的解决方法。你可以问非常简单的问题，例如"你做什么才会感到开心呢"，虽然乍一看让人觉得这和"你有什么想做的吗"如出一辙，其实并不相同。

"你做什么才会感到开心呢"注重的是情感，而"你有什么想做的吗"更注重希望。相比希望，人们更倾向于情感的表达。通过"你做什么才会感到开心呢"这个问题，人们会探索内心，寻找自己真正想做的事情。

比起从他人那里得到的解决方法，人们更愿意遵从自己内心的答案。尤其要珍视那些说话时投入感情的人，认真倾听对方说话吧。例如，当我们成为父母时，当我们站在上司的立场时，当我们想要给重要的人提建议时，在这些时候，出于爱，我们总想帮对方解决问题。但我们要克制那份冲动，在倾听他人烦恼时最好有"从头到尾让自己扮演一个帮助对方发现内心的角色"的意识。真正的情感，只有自己才明白。

技巧
24　**倾听时协助对方找出解决方法。**

25

不令人生厌的倾听技巧6：
不打断或转移话题

 不提与话题无关的问题

"那个，有这样一件事……所以就变成那样了。"对于这样的对话，不要中途转移话题，说："啊，话说，话题完全变了。"

当我们想抛出一个不同的话题时，最明智的做法是给对方一个转换话题的提示。说话人的每段发言中都包含自己的故事。在故事讲到高潮时，突然转移话题，虽不至于让人感

到悲伤，但会让人内心深处感到寂寞。**如果对方说得很开心，我们可以使用第2章介绍的"魔法倾听"，注意顺着对方的话来延续话题。**

　　当然，你也有想表达自己的意见的时候，但本书是站在倾听者的角度来介绍的。因此，我想说的是，即便你想表达自己的意见时，也尽可能不要打断对方说话，最好加上"是啊""的确如此""嗯"这种语气词作为引入，再顺势转移话题或者进行提问，例如"听了你的话后，我认为……""你能听我说几句吗"。

　　另外，记住另一个对我们的顺利沟通也有很大帮助的技巧，即**尽可能少用"但是"这种连词。**"但是"后面接的话，通常都是与前面相反的内容。例如，"我也是这么想的""但你说的好像不太对""我想做那件事""但是那很危险呀"。

　　过度使用"但是"，会让沟通无法顺利进行。和他人沟通时尽可能不使用"但是"，可以让双方在交谈中更加畅快。

技巧
25　　**顺着对方所想，延续话题。**

26

不令人生厌的倾听技巧7：
不说消极的话

 尽量不说消极的话

　　在相声界中有"捧哏"和"逗哏"两种分工。双方都有高超的说话技巧，节奏合拍时，这一技巧关乎着对话的趣味性。然而，一般人并不擅长深入交流。一旦深入交流之后，就会感到不知所措，不知如何回应对方。当周围的人都很擅长交谈，对话也很尽兴，但自己却无法加入其中时，你会感到十分落寞。我想有过这种感受的人有很多吧。

　　说话者无意的玩笑话或是一句话，都有可能给对方造成心灵上的创伤。由此可见，人的内心比想象中还要脆弱。特别是我们在**和一些不熟悉的人交谈时，绝对不要开过分的玩笑**。例如"你是笨蛋吗""你说的话好无聊呀""你说得不对吧""不是很明白你说的话"。并不是所有善于沟通的人都有自信，更何况这种有自信的人并不多。不要让一句无心之言，毁了我们在他人心目中的形象。

技巧
26　　　　**平时注意不要使用消极词汇。**

27

不令人生厌的倾听技巧8:
不要过度干涉他人

 每个人都有无法说出口的事情

　　当我们对待自己珍视的人，尤其是父母等亲近的人时，一不小心就会过于热情，这时要注意改变自己的倾听方法。无论是孩子，还是工作伙伴，又或是朋友，每个人都有一两件不想告诉其他人的事。**无论对方对我们来说有多么重要或是我们与对方有多么亲近，人们都会选择紧锁内心的"黑匣子"，也就是说，在人际交往中要与他人保持一定的距离。**

　　当然，人们都会想要了解自己珍视的人的一切。然而，如果我们不停地问对方"今天几点回来呢""你现在在哪""今天你做了什么""为什么你什么都不告诉我"这些问题，会让对方觉得自己在接受审讯，容易把内心封闭起来。这时候，过度的质问反而会得到无效的回答。不要一味地质问对方，而是要向对方传达自己的心情，例如"你回来太晚了，真让人担心，别太任性啦""如果你能这么做的话就太好啦""如果感觉和我聊得来，就放心地说吧，我很希望能帮到你"等。

　　人的心理真是奇妙。明明不想回答问题，但真的不回答反而会让自己心情郁闷，产生"真糟糕，果然还是说了好"的想法。无论如何，我们越是面对珍视的人，交流时就越要与他保持适当的距离。

技巧
27　　**不断提问，只会让对方紧闭心扉。**

28

不令人生厌的倾听技巧9：
绝不泄露他人的秘密

 做好守口如瓶的准备

　　每个人都会有一种想把自己的秘密分享给他人的心理。"这是秘密哦"是人们常说的一句话。当对方说出这句话时，我们就要做好守口如瓶的准备。听了之后，我们就要把这个秘密永远埋在心底。小时候父亲常对我说：**"人要懂得守口如瓶，不要泄露他人的秘密，即便是不小心听到别人的秘密，也要烂在心里，管不住嘴的人一文不值。"**

　　现在想想，这好像是我在九州演讲时说的话。年轻时的我并未完全理解这句话，以至于经历了很多次失败。但是，如果现在把这个道理套用在与人沟通的过程中，将大有用处。

　　人一旦有了自己无法承受的烦恼，就会极度渴望他人倾听自己的烦恼，这并不是坏事。但是，我建议当你作为一个倾听者时，一定要有不会泄露他人秘密的决心。一旦自己将他人的秘密说漏了嘴，有些听到的人就会添油加醋，甚至歪曲事实，最终受到伤害的还是你自己。

　　人们一向以自我为中心，只会选择性倾听。我们如果泄露他人的秘密，就会失去对方的信任。反之，如果我们能够将他人的秘密守口如瓶，就能得到对方的信任，并给对方带来安全感。他人的秘密就让它烂在我们的肚子里。只有这样，你在倾听时才会更安全。

技巧 28　做一个守口如瓶的人。

善于倾听的人绝不会做的事

①不否定他人。

你的想法不对！

②不将自己的想法强加于人。

社会人士应该这样做！

③不抢话。

啊，那家店啊！我知道。

上周说的那家店……

④不急躁。

能从结论开始说吗？

⑤不直接说出答案。

因为……有点棘手。

明明这样就可以解决了，为什么你不那样做呢？

⑥不打断别人。

话说，我想说件别的事……

⑦不说消极的话。

你这样不行！

⑧不过度干涉他人。

你去哪了？

和谁一起？

干了什么？

⑨不泄露他人的秘密。

嘿嘿，这是秘密……

令人期待下次见面的
倾听技巧

29

倾听方式不在于技巧而在于内心

不会倾听并非因为不会技巧

　　我经常听到有人说"如果不磨炼自己的倾听技巧，就很难做到高效倾听"。**然而，倾听他人说话，重要的并非技巧，而是要倾听对方的内心想法。**

　　人们往往愿意倾听那些有实力、与其交往有利可图的人讲话，因为那些人对自己有益。但更重要的是，我们如何与那些无法马上帮助我们获得利益的人相处，而不是只徘徊在

那些与我们有利益关系的人的周围。

进一步而言，那些能给别人带来利益的人通常会受到大家的追捧，因此他们逐渐习惯了被人倾听的感觉，他们可能认为即使多一两个人倾听自己，也不会觉得特别感动。然而，乍一眼看似对自己无益的人，当他们认真倾听我们说话时，我们的感动指数其实会明显提升。

带着尊重去倾听

人是有感情的生物。人活着，既要感受万事万物，又要应对各种情况，不管是老人还是孩子都是如此。对于与我们毫无关系的人，我们是摆出一副无聊的姿势倾听，还是热情地倾听呢？如果是后者，这不仅能大大改善我们在对方心中的形象，还能提高我们的人际交往能力。**无论地位高低、年龄大小，一旦涉及感情，人都是一样的。**

如此想来，带着尊重去倾听对方讲话显得极为重要。只要我们认真倾听对方讲话，不管说话内容如何，每个人都能从中获益匪浅。

带着好奇心去倾听

随着年龄的增长，我们渐渐丢失了一些重要的东西，比如好奇心。

在我们懵懂的孩提时代，我们对遇见的、了解的一切事物都充满了新鲜感。然而，随着阅历的丰富、视野的开阔，我们就会开始产生一种先入之见和主观臆断，即"反正也不过如此"。这一点实在令人感到惋惜。这世界上多的是我们未知的事。无论是谁，都会有一两件不知道的事。如果不倾听他人说话，那么我们的格局和视野都将变得狭窄。现在，我们身边的很多产品都是由我们不认识的人创造的。仔细观察的话，你会发现这些产品中融入了很多创作者的奇思妙想。

这些身边的小发现会使你的生活变得更加丰富多彩。如果你能带着好奇心去看待身边的事，即使是不值一提的小发现，也会产生意想不到的效果。

"他现在想表达什么？""此时他是以什么样的心情、什么样的感情来表达的呢？" 能够站在对方立场倾听的人，仅

仅是从周围的人身上就能学到很多。

> **技巧 29** ▸ **每个人都有自己的闪光点。**

打动对方的倾听方式

①带着尊重去倾听。

"黄医生号"[1] 就是"新干线医生"哟!

欸?没听过哎!我对"新干线医生"很感兴趣,能展开讲讲吗?

他在很用心地听我说话。

感动指数提升!

②带着好奇心去倾听。

前几天的高尔夫比赛我获奖啦!

他是以什么样的心情在说这件事?

他到底想告诉我什么?

哇!好厉害!恭喜恭喜!

我特别崇拜会打高尔夫的人!

---

① "黄医生号"是新干线的综合检测列车,能在运行途中对沿线轨道、路基、通信信号、车辆动态等进行动态检查。因为功能强大,车身涂装醒目的黄色,被人们形象地称为"黄医生"。——编者注

119

30

不妨倾听对方的内心想法

 让人敞开心扉的"撒手锏"

　　没有人想被否定，也没有人会因为被否定而开心。每个人都希望得到他人的肯定，或能与他人产生共鸣。然而，生活在这个想法各异的社会中，很多人都抗拒暴露自己的内心想法。并不是所有人都善于沟通。即使是不善于沟通的人，只要能敞开心扉，也一定能说出像钻石一样吸引我们的故事。

那么，如何让对方敞开心扉呢？在什么情况下对方才会安心地与我们进行交谈呢？只有当对方认为这个人是懂我的，也就是与我们产生共鸣的时候，对方才会放下自己内心的戒备。让对方敞开心扉的关键在于**告诉对方你很理解他**的心情。

"其实最近发生了这样一件事……"

"原来如此，你也太倒霉了吧！"

当对方向我们坦言自己的烦恼时，如果像上述这样表达出你也有同感，对方会担心随意敞开心扉可能会被你欺骗，于是选择继续保持戒备心。在谈话时，有人有很多烦恼；有人曾被信赖的人背叛；有人不断被外界否定；有人曾因有烦恼而被他人嘲笑。那些受过伤的人会害怕对他人敞开心扉，可以说大部分人都是如此。在理解这一点后，就能更加理解对方的心情了，从而慢慢融化对方的心。掌握这些技巧，试着用"的确如此啊，我懂了"这类话术回应，就能更轻易地走进对方的内心。

"诶？总感觉很放心。"

"哇，果然很安心，还想要再说点什么。"

"好舒适安心啊！还想继续和他说话。"

"听我说了这么多，太感谢你啦！太喜欢你啦！希望下次还能再见到你。"

　　让对方逐渐敞开心扉的话就是"是啊！我懂！"这种能体现你的共情能力的话。

技巧
30　　**让对方敞开心扉的最强共鸣话术——"是啊！我懂！"**

进一步理解对方的感情

工作太忙了，好累啊！

工作太忙了，好累啊！

倾听者（倾听内容）

倾听者（倾听内心）

很忙吗？具体是在忙些什么呢？

有采取什么措施吗？

是啊，我懂你的感受。

你连续加班的确很辛苦啊！

如果不进一步理解对方的感情，那么对方会增强自己的戒备心。

理解对方感情的人才能让他人敞开心扉。

31

线上沟通完全由听众把握节奏

　　新冠疫情作为一个历史性的重大事件，极大地改变了我们的生活。其中，我们的商业模式和交流方式都发生了巨大的变化，这都是因为线上模式的兴起。在人与人无法面对面相见的时候，网络工具成为很多人交流的桥梁。如果没有这些工具，我想新冠疫情的暴发会让我们的心灵遭受更大的侵蚀吧。想到这里，我真的很感激网络工具的存在。

另外，不难想象今后还会有更多的网络工具陆续登场。因为很多人都在使用它们，关于线上交流，我思考了很多。

 线上沟通比现实沟通更需要技巧

说实话，过去我一直这么想：新冠疫情使线上沟通的机会增加，我们外出活动的次数大大减少，与他人交流也变得更加容易。但是，反过来看，线上交流让整个商业领域充斥着不安。2019年，《高效沟通》出版发行，且十分畅销，但疫情的暴发让我一度以为书会滞销，因为在我看来人与人之间的交流机会减少了。

然而，新冠疫情发生以来，《高效沟通》这本书依旧畅销不断，这也消除了我的不安。在欣慰的同时，我也感到很迷惑，不明白它畅销的原因。后来，我看到了很多读者的留言，他们告诉我《高效沟通》书中写的技巧在线上交流中也非常有效。直到2020年5月，虽然我几乎不怎么使用网络工具，但是，我们公司开始进行线上会议，我也理解了那些留言的

意思。从我写交流图书的角度来看，相比现实中面对面的交流，线上交流更需要技巧。

暴露在大众视线下的倾听者

例如，线下的演讲和研讨会等学习会议或公司的会议都是由一个发言者和多个听众组成的。这种情况下，发言者一般是专业人士，或者是熟练的人，所以即使转变为线上会议，对他们来说也没有什么区别，仍然可以冷静且熟练地面对，而且在线下交流的时候听众几乎不需要向别人展示自己的表情。

然而，线上交流并非如此。会议上全员露脸，会议成员均可看到听众的表情。"那个人在认真听""啊，那个人真不擅长听别人讲话"，会给会议成员留下诸如此类的印象。对于发言者来说，他们已经习惯了发言，即使在线上也不会觉得很累，因为他们依然是面向众多听众发言，只是形式由线下转变为线上而已。但对于听众来说并非如此。听

众的倾听态度，也就是听众的倾听能力会直接暴露在大家
面前。

技巧
31   **线上交流更需要高效倾听。**

线上交流更需要倾听技巧

线上交流更要发挥倾听能力

32

营造良好氛围的三个秘诀

 预先制定规则

很多人可能都不太擅长表达。尽管如此，他们仍然需要在线上会议中进行发言。对于平时不擅于表达的人来说，这也许是件很苦恼的事。对于那些需要在陌生环境中讲话的人来说，周围人的积极反应就像是一根救命稻草。也就是说，**听众毫无反应，发言者就如同走在没有安全绳的钢索上，战战兢兢**。从这一点来看，倾听者的毫无反应会给说话者带来精神上的打击。

　　反之，那些耐心的倾听者就像冬日的太阳一般温暖人心。
我在第1章里讲过，我曾开了一家名叫"向阳屋"的饭店，制
定了规则，带领我的员工一起努力。我在现在的公司会议和
与同事的交流中，也制定了几条规则。这些规则基本和之前
饭店的早会规则一样。虽然你可能会觉得是在自卖自夸，但
有一点可以肯定的是"我们的线上交流绝不逊色于其他团队，
我们为发言者提供了一个畅所欲言的平台"。

　　那么，这个规则是什么呢？其实就是**"禁止否定""魔法
倾听""给出三倍的反应"**这三条。换句话说，这些规则都是
优先考虑发言者的。通过事先制定规则，参会者就会产生一
种想法："啊，这就是让人畅所欲言的平台。"

线上交流和线下交流的心态要保持一致

　　"我不擅长沟通，我可以不露脸吗？"
　　"我没有化妆，拜托不要让我露脸。"
　　对于这样的请求，我会礼貌地让他们不要参与实时会议，

而让其之后再观看会议录像。不需要或不便于录像时，我会要求大家做好充分的思想准备再参与会议。为了让准备充分的发言者能畅所欲言，我一直坚守这项规则。其实不露脸就相当于大家聚在一个房间里开会时，有人说**"我要在柜子里听""我想听你讲话，在另一个房间里听可以吗？不用在意我"**等，而这样反而会让人更加在意。

无论是线上交流还是线下交流，给发言人营造一个轻松的氛围是最基本的礼仪。线上交流是一种非常轻松的交流方式，人们不需要移动，但是听众的倾听方式和姿势会被看得一清二楚，这一点是很令人恐惧的。根据一个人的倾听姿势，人们会做出如下的判断："这个人给人感觉很好。""啊，这个人估计到哪儿都不会受欢迎。"从这一点来看，网络是考验人们沟通的工具，特别是对人们的倾听能力和姿势以及对周边环境的关心和心态的考验。

我们要努力磨炼倾听技巧，消除心理压力，请继续向网络时代不断前进吧！

技巧
32　**营造良好表达氛围的秘诀——"禁止否定""魔法倾听""给出三倍的反应"。**

线上交流的三个秘诀

①禁止否定。

很不错呀!

听起来很有趣!

这个想法不错!

②魔法倾听。

☑ 1. 表情
☑ 2. 点头
☑ 3. 姿势
☑ 4. 微笑
☑ 5. 感叹 +
称赞

哇! 这也太棒了吧!

③给出三倍的反应。

那真是太开心啦!

必须露脸。

线上也可以营造良好的沟通氛围。

33

让人自叹不如的倾听者

 敢于向后辈请教问题的前辈更受欢迎

在写本书的时候，我曾看到某档综艺节目。节目提出现在有越来越多的企业开始引进"逆向指导法"。所谓逆向指导法，简言之，就是"倾听该领域佼佼者的想法"。在看那档节目时，比起感动，我感受更多的是"什么？像平常一样去倾听不就好了吗"。

当我遇到了不懂或是不了解的地方时，不论是工作人员

还是社群新人或是我的孩子，我都会去请教他们。过去很多人认为上司向下属请教问题有失领导风范，这种行为容易被人看轻。因此，上级更应该见多识广，花更多的时间去学习。但我并不这么认为。无论是下属还是新员工，如果他们懂的话，不必拘泥于身份，大方请教他们即可。当然，下属往往也会因为被上司请教问题而感到备受重视。

　　请教问题实则也是为对方创造一个参与沟通的机会。如果你是上司或前辈，请不耻下问，与下属和后辈一起探讨交流吧。现在的年轻一代比我们想象的还要优秀。

技巧
33　　请教问题，为他人创造沟通机会。

受下属和后辈欢迎的倾听技巧

不请教的人

下个月的促销活动，用最近流行的抖音国际版来促销怎么样？

这个人完全不明白啊。

抖音国际版吗？有不同意见吗？

如果不提问，人就会失去说话的动力。

请教的人

下个月的促销活动，用最近流行的抖音国际版来促销怎么样？

当然可以啦。

欸？抖音国际版最近很流行吗？能说得详细点吗？

下属被上司请教会觉得自己备受重视，有利于团结协作。

34

受欢迎的人使用的"热场"倾听方式

 做决定前先倾听他人的看法

　　人际关系是很敏感的。当然，感受方式因人而异，一个人如果产生"啊，我被孤立了吗"这种孤独感，内心会很受伤。例如职场和社群里的后辈等处于较低地位的人，为了进一步确保上司能够批准自己的方案，他们会自信满满地说："报告，我认为可以按着这个来。"

　　这时，上司只会莫名地觉得心烦意乱。曾经有过下属和后辈的人也许会有这种感受吧。"这样啊！你自己做决定也太厉害了！"几乎没有人能发自内心这么说。无论是职场还是社群，人际关系越来越扁平化。然而实际上，人际关系中的金字塔型结构仍然根深蒂固。这是理所当然的，受上司和前辈喜欢的人工作会更加顺利，这种结构不会轻易消失。例如，当你想推进某个项目但遇到麻烦时，我建议你可以试着向上司和前辈报告项目进度，和他们商量并听取他们的意见。

如果你和前辈的意见不同，但你无论如何也想表明自己的意见时，你可以补充一句：**"感谢您的宝贵意见。经过多方考虑，是否可以采用我的这个方法呢？今后也希望得到您的指导。"**

只要有了这样的考虑，你就会成为一个做事有条理、值得信赖的人，不要敌视周围的人，这会让你和他人相处得更加和谐。这时，倾听能力就成了重要的润滑剂。

技巧 **34** **只需一句话就能让人喜笑颜开。**

受上司和前辈欢迎的倾听技巧

| 不听他人意见的人 | 倾听他人意见的人 |

关于本次项目的设计方案，我认为必须执行这个方案。

经理，现在向您汇报一下。

其他的都不行。

我觉得这个方案比较好，

经理，有件事想跟您商量，关于本次项目的设计方案，

但我还想听听您的意见。

啊，是吗？

真是个自作主张的家伙！

确实不够吸引人呢……

嗯……感觉不是特别吸引人。

感谢您的宝贵意见！

不过仔细想想这样也可以。

不会得到任何人的帮助。

大家都愿意助你一臂之力。

35

理解年长者的孤独

 老年人无人倾诉的烦恼

"唉，真不想变老啊。"你是否听到过身边长辈诸如此类的抱怨？我认为这句话的潜在含义是：人的年龄越大，就越会感到孤独。

人们一旦上了年纪，行动就会变得迟缓，行动范围也会受限，周遭的一切会变得更加缓慢。自然而然地，人们就无法像年轻时那样举办各种聚会，与他人彻夜畅谈人生了。这

139

不仅限于中年人，一些公司中的老人同样也会有这种感受。一个人的职位越高、年龄越大，当他退休之后，和以前公司里的同事的交流就会越来越少。于是，人们就渴望用其他东西来填补这种孤独。

其中，人们最渴望的就是一个**能倾听自己说话的下一代人**。

 ## 边听边做笔记

随着年龄的增长和经验的累积，年长者或管理层越来越渴望将自己的经验传授给下一代，也可以将其称为"自我复制欲"。简而言之，就是**"年长者总是好为人师"**。

在第2章介绍的"魔法倾听"中，我将其分为了5个部分，其中有一个部分就是"动作篇"，在这一部分中，有一个技巧能让你给对方留下一个好印象，那就是养成边倾听边做笔记的好习惯。边点头边做笔记，这种倾听态度会给年长者带去极大的满足感。

"哎呀，这种事情不用做笔记啦。"他们通常会这样说，然后传授给你更多的经验。

做笔记的注意事项

现在的智能手机都有备忘录和日程安排等功能，完全可以代替笔记本。这确实很方便，但我要补充一点。当你用智能手机代替笔记本时，出于礼貌，**最好提前问对方一句："我可以用智能手机做笔记吗？"**

这句话非常重要，以免我们被对方误会在对方讲话时玩智能手机。但如果条件允许，倾听长辈说话时，最好事先准备笔记本，这会给长辈留下更好的印象。

技巧
35 　**积极倾听年长者的经验之谈，你将未来可期。**

倾听者对每个人都很重要

我这一辈子有起有落，真是跌宕起伏！

请务必让我听听您的故事。

心扉

边做笔记边倾听的人更值得信赖。

①用笔记本做笔记。

②尽量避免用智能手机做笔记。

③不得已时，事先和对方说明。

我可以用智能手机做笔记吗？

36

大声说出
"我在这儿呢"

 身处表达欲极强的时代

　　如今，随着信息技术的发展，我们可以向这个世界传达更多的信息。我们可以利用博客、油管网（YouTube）、脸书等社交软件，将个人信息传播至世界各地，如今这已成为我们生活的常态。

　　随着基础设施的更新换代，**人们的表达欲也在不断加强**。如今在网络上可以自由发表言论，人们的表达欲望也因此不

断攀升。与此同时，社交网络也成为世界各国人民沟通的桥梁。但事实上呢？人们的孤独感会因此消失吗？

在社交网站上，有人为了吸引关注，不顾一切地展现自我，远远超出了真实的自己；也有人为了涨粉给别人发消息，又因得不到回复感到苦恼；还有很多人即使收获了大量的粉丝，但在现实生活中与这些粉丝完全是陌生人。其中，有人看透了网络世界的虚假互动，开始寻找现实中真正的伙伴。

事实上，有以上困扰的人正在不断增加。同时，新冠疫情的暴发，也给我们敲响了警钟。

我们曾将生命看作是天经地义、理所应当的存在，但在目睹了无数次的死亡之后，我们开始重新寻找人生的意义与价值。

"自己想做的究竟是什么呢？"

"对自己而言，最重要的人到底是谁呢？"

"在自己穷途末路时，真的会有人雪中送炭吗？"

人总会无意识地寻找安心之所

现在，我听说越来越多的公司会聘请心理咨询师，以保障员工的心理健康。以前，在公司里一般都是由上司倾听员工的烦恼，并与其沟通交流的。但如今，这种观念慢慢淡薄了。为防止职权骚扰，上司和员工之间的交流也逐渐减少。而且随着居家办公模式的普及，人与人之间的交流机会越来越少。为了弥补这一点，一个能倾听员工心声的心理咨询师必不可少。

出勤次数的减少虽然让我们生活和工作得更加自由，但同时也导致了沟通交流机会的减少。我强调了很多次，人生来就是渴望沟通的生物。虽然沟通的机会减少了，但人们这种需求绝对不会减少，人们会下意识地寻求一个倾诉的地方。

当然，为了满足表达的欲望，仅仅对着墙自言自语是解决不了任何问题的。人都需要一个倾听者。换句话说，倾听者是大多数人的心理防线，他们对我们而言至关重要。

技巧
36
今后将迎来一个更需要倾听者的时代。

人们的表达欲在不断提高

人是渴望沟通的生物

146

37

先开始倾听身边人和重要之人的话

 不想听所有人的谈话也可以

　　关于倾听方法，我已经介绍很多了。

　　"原来如此，倾听方式竟如此重要！"我想大家多少会有这样的想法。我想告诉已经开启全新倾听方式的你：一定要确认倾听的前提是对的。

　　如今，我通过书和演讲遇到了很多不同的人，我的工作丰富了我的人生，让我结识了各种各样的人。在本书里，我

为自己定了一个主题：提高自己的倾听能力，成为一个能带给他人安全感的人。我还想补充一点，可能有一些倾听者一开始就试图挑战一个难度较高的倾听对象，即不擅长表达的人，以此来磨炼自己的倾听能力。这是万万不可的，请不要这样做。**先倾听以下这些人的心声，如身边的人、重要的人、真心想倾听他说话的人**。我建议可以之后再倾听其他人的心声。

 ## 首先倾听最喜欢的人的心声

　　这个世界上有各种各样的人，并非所有的说话者都是友善的。也有这样一类人，他们只想通过向你吐槽让自己更舒坦而已，他们自己并不想做出任何努力，单纯只是将你当作宣泄情绪的垃圾桶。当你们初次见面或者还不太了解对方的时候，你可能碍于情面不得不听。但是，每次见面这种人都只会向你抱怨和诉说烦恼，倾听他们说话，对那些刚开始挑战倾听的新手来说，无疑是在浪费时间和精力。因此，练习倾听能力的新手要在某种程度上与这类人保持距离。

平时可以多留意自己身边，因为那里有很容易被我们忽视的人。说不定你会发现身边重要的人正在为某些事情而烦恼，你在乎的人也可能想要向你诉说一些事情。建议你首先倾听这些人的心声。

每个人的时间都是有限的，要把宝贵的时间花费在谁的身上呢？该倾听谁的心声？又该靠近谁呢？ 厘清这些答案并不是一件坏事。

请牢记：对你来说，重要的是你在乎的那些人，但最重要的还是你自己。

技巧 37　将自己的时间花费在重要的人身上。

38

倾听他人的心声，
就是在拯救他人

任何人都有不满的情绪

　　世界上有各种各样的人，遗憾的是，并不是所有人都过着幸福的生活。有的人交不到朋友，独自虚度光阴；有的人不擅长交际，在工作中和同事相处得不愉快，孤立无援；有的人看不到未来的希望，闭门不出；有的人因为流言蜚语，遭受周围人的排挤；甚至有人因为孤独，而出现反社会行为。当然，这些人变成那样，或许并非毫无缘由，但没有人真心愿意变成那样，每个人都有自己的理由和感情。

教会我人生哲理的刑警

一位刑警曾告诉我："人一旦陷入孤独的深渊，就会判断失误。"这位刑警已经退休了，他现在是一名志愿者，为遇到困难的人提供咨询服务。之前他在刑侦科工作时，是我店里的常客。后来我们成了朋友，经常一起聊天，有时还会相约喝酒。

"你不是在写书吗？希望我说的故事能给你一点启发。"他说着，便给我分享了许多故事。他并不是个话多的人，举止温文尔雅，乍一看并不像一名警察。我经常会有这种感觉：明明我每次都是去当听众的，结果一回过神来，自己却成了说话的那一方，真是不可思议。

谢谢你的理解

"孤独感是发生犯罪行为的最主要原因。"喝酒的时候，他经常和我说这句话。据说，在他的刑警生涯中，审讯犯人时，让他印象最深的一段话就是**"到目前为止，没有一个人愿意了解我。但是，警官，这是我人生第一次感觉有人愿意了解我。如果我能在别的地方早点遇到你，我今天可能就不会在这里了。谢谢你愿意了解我"**。

他还告诉我："人啊，一旦陷入孤独的深渊，就会失去原有的判断力。一个人如果感到无依无靠，就无法冷静地思考问题，所以他会做出普通人想都不敢想的事。"

听了他的故事，我思考了很多："有些人即使没有走上犯罪的道路，也会以某种方式给周围的人带来麻烦。有的人会出口伤人；有的人会因为被周围的人排挤而感到孤独寂寞。哪怕只有一个人愿意理解他们，他们的人生也可能会因此改变。我希望能有更多的人能通过倾听走进他人的内心。"

对那些身处黑暗的人来说，倾听者就像一束光，为他们指明了方向。

向一直以来愿意倾听你的人致谢

现在请你回想一下，在你过去的人生中，一定经历过艰难的时刻吧。例如，在你遭遇困难挫折的时候，在你受到不公平对待的时候，在你感到孤立无援的时候。当时有没有这样一个人，他支撑着你走出了黑暗，倾听了你的心声。

我也遇到过很多这样的人。在那一刻我很痛苦，无法思考任何事情，是愿意倾听我的苦闷的人拯救了我。现在回想起来，我想对那些听我诉说的人表示感谢。当你遇到困难或感到悲伤的时候，只要有一个愿意倾听你的人，你就会有莫大的安全感，就有勇气继续前行了。

倾听他人说话，这件事看起来可能并不值一提。但倾听者给对方带来的安全感，对于说话者来说却是一份极其珍贵的礼物。对于我们而言，哪怕只有一个倾听者也好。今后请你试着成为一个倾听者，带给他人安全感吧。有人正等待着你去倾听他的心声。

技巧
38
磨炼倾听技巧，成为一束光，照亮那些孤独的人吧。

成就非凡人生

自《高效沟通》一书出版已经两年了。有幸得到大家的支持，其姊妹篇《高效倾听》得以问世。

事实上，早在撰写《高效沟通》时，我的脑海里就已经在构思本书了。如果你已经读过《高效沟通》，那么你可能知道，它是一本讲述说话技巧的书，但和本书一样，第1章都是从"倾听"开始的。

本来想以"倾听"作为《高效沟通》的结尾，但负责这本书的出版社主编上江洲对我说："永松老师，倾听方法确实很重要，不过这是一本讲述说话方法的书，倾听方法还是以后再写吧。"

到了2021年夏，上江洲对我说："永松老师，时机终于到了，我们出版一本关于倾听技巧的书吧！"于是本书便诞生了。

我认为倾听在交流中有着举足轻重的地位。我想，在完成了一直都想写的倾听技巧的书后，高效沟通类的书才算真正地完成了。

我的人生轨迹在不断变化，从章鱼烧小贩、饭店老板，到作家。直到现在，我才有了一种切实的感受——文字造就人生。2016年，为了出版一本书，我从九州来到东京，那时的我心中充满了不安。横滨铁皮玩具博物馆的馆长北原照久因《开运鉴定团》^①走红，我一直都非常敬仰他。他曾对我说："小茂，你要记住'食物维持着我们的生命，听过的话哺育着我们的心灵，未来是由我们说过的话创造的'。所以，我们邂逅的人、听过的话、说过的话，都非常重要。"

对于当时一心出版图书，对前途感到迷茫的我来说，北原照久的这句话就像是一束光、一个指南针一样，为我指明

---

① 日本一档历史悠久的鉴宝节目。——译者注

了方向。我们邂逅的人、听过的话、说过的话，都会改变我们的人生。通过本书的出版，我也对这句话有了更加深刻的体会。

2021年夏，出版社还委托我写了一篇纪实随笔，主人公是我和我的母亲，题目为《做一个讨人喜欢的人》。2016年5月，已故的母亲留给我的遗言中有一句话：你要成为日本最厉害的作家。因为这句话，我一心扑在出版图书这件事上，并立志成为日本最厉害的作家。

坦白说，当时的我完全不知道该如何实现这个梦想。也许是因为母亲给我的鼓励，我的《高效沟通》在2020年日本商务图书年度排行榜上排名第一（据说2021年也荣获了第一，多亏了大家，让这一荣誉蝉联两届）。我在心里充满感激与欣慰的同时，也感到十分紧张。

2021年6月5日，在收到《高效沟通》获得上半年日本排行榜第一的通知后，出版这本书的素晴舍创始人八谷智范会长逝世，享年69岁。我想感谢在天堂的八谷会长，感谢您怀着"创造出让读者快乐的书"这一初心，创立了素晴舍。素晴舍距创立之初已过去了30多年，您的这一初心传递给了很多人，2020—2021年，素晴舍已成为日本首屈一指的出版社。它是您的心血，这里的员工充满了活力与朝气，他们都以您为榜样，致力于创造出更好的作品。这是一个多么好的团队啊，这个团队将继续向世界推出更多令人快乐的作品。希望您在天堂继续守护这个出版社。我由衷感谢您创建了这个出色的出版社。

致素晴舍的德留庆太郎社长、本书主编上江洲安成以及销售部副经理原口大辅，感谢你们的多次帮助，也感谢你们的鼓励。今后，让我们继承八谷会长的遗志，继续创造"让读者感到快乐的书"吧。我很荣幸能和这个团队一起完成本书的编写。

出版社销售团队的各位老师，当我们一起去书店宣传时，你们充满活力积极推广图书的样子，让我非常感动。此外，我看到了很多读者的留言，例如"在附近的书店看到这本书了哦"，这都多亏了销售部的各位老师在各地举办的推销活动。你们的"把自己的书献给读者"的态度，让我受益匪浅。今后我也希望能与你们继续合作。简而言之，我衷心感谢人才育成（日本）的工作人员以及为本书的诞生做出贡献的所有人。

此外，一直支持我的泰迪幸运犬——"小虎""樱花""小鸡""桃子"和"丸子"，谢谢你们在我孤独的写作过程中陪伴我，给予我力量。

最后，致阅读本书的你。"用图书的力量给日本带来生机"，在这句话的指引下，出版社聚集了一群有志之才，开展了各种各样的活动。其中，作为一个作者，我现在能做的就是尽力提高每本书的价值。

"一直以来，谢谢你的理解。"请你记住这句话。希望你可以用倾听的力量治愈更多的人，让幸福聚集在你的周围。希望你永远幸福快乐。

感谢大家。